DOM SÉBASTIEN

ROI DE PORTUGAL,

OPÉRA EN CINQ ACTES,

Paroles de M. SCRIBE, de l'Académie française,

MUSIQUE DE DONIZETTI,

DIVERTISSEMENS DE M. AUBERT.

PRIX : UN FRANC.

PARIS,
C. TRESSE, ÉDITEUR
DE
LA FRANCE DRAMATIQUE,
PALAIS-ROYAL, GALERIE DE CHARTRES, Nos 2 ET 3,
DERRIÈRE LE THÉATRE-FRANÇAIS ;
Et chez Mme veuve JONAS, libraire de l'Opéra.

1843

DOM SÉBASTIEN

ROI DE PORTUGAL,

OPÉRA EN CINQ ACTES,

Paroles de M. SCRIBE, de l'Académie française,

Musique de M. G. DONIZETTI, divertissemens de M. ALBERT,

Représenté pour la première fois, à Paris, sur le théâtre de l'Académie royale de Musique,
le 13 novembre 1843.

Personnages.	Acteurs.
DOM SÉBASTIEN, roi de Portugal................................	MM. DUPREZ.
DOM ANTONIO, son oncle, régent du royaume en son absence...	OCTAVE.
JUAM DE SYLVA, grand inquisiteur.........................	LEVASSEUR.
LE CAMOENS, soldat et poète.....................	BAROILHET.
DOM HENRIQUE, lieutenant de Dom Sébastien.................	FERDINAND PRÉVOST.
BEN-SELIM, gouverneur de Fez................................	BRÉMONT.
ABAYALDOS, chef des tribus arabes, fiancé de Zayda........	MASSOL.
ZAYDA, fille de Ben-Selim.....................................	Mme STOLTZ.
SEIGNEURS ET DAMES de la cour de Portugal.	
SOLDATS ET MATELOTS portugais.	
SOLDATS ET FEMMES arabes.	
MEMBRES DE L'INQUISITION.	
HOMMES ET FEMMES du peuple.	

* Voir la fin de la pièce pour les divertissemens.

ACTE PREMIER.

La vue du port de Lisbonne. À droite, sur le premier plan, le palais du roi, d'où l'on descend par plusieurs marches. Au fond la mer, et la flotte prête à mettre à la voile. Tout se prépare pour l'embarquement. On transporte à bord du vaisseau amiral des armes et des provisions. À gauche, des soldats et des matelots boivent et chantent; d'autres font leurs adieux à leurs femmes et à leur famille. On voit circuler des hommes et des femmes du peuple, des seigneurs et des grandes dames que la curiosité attire.

SCÈNE I.

SOLDATS, MATELOTS, HOMMES et FEMMES DU PEUPLE, SEIGNEURS et GRANDES DAMES, puis DOM ANTONIO et JUAM DE SYLVA.

CHOEUR.

Nautonnier, déployez la voile!
Élancez-vous, hardi marin!
Le roi commande, et son étoile
Nous guide au rivage africain!

(Dom Antonio et Juam de Sylva sortent en ce moment du palais du roi et descendent les marches en causant.)

DOM ANTONIO.

Ainsi nous l'emportons, et le destin entraîne
L'imprudent Sébastien sur la rive africaine?

JUAM DE SYLVA.

Mais, prêt à s'éloigner, votre royal parent,
O dom Antonio, vous remet la régence...

DOM ANTONIO.

Que je dois à vos soins, vous, ministre prudent,
Vous, grand inquisiteur!.. Et pendant son absence,
Je prétends avec vous partager la puissance...

JUAM DE SYLVA, à part et pendant que plusieurs
seigneurs abordent et saluent dom Antonio.

Que la débile main ne gardera qu'un jour!
Adroit Philippe deux, que la gloire accompagne,

Couvé depuis long-temps, d'un regard de vautour,
Le riche Portugal, trop voisin de l'Espagne;
Et me promet, à moi, si je suis son soutien...
(Regardant dom Antonio.)
Un pouvoir plus durable, et plus sûr que le tien.

CHŒUR.

Nautonnier, déployez la voile!
Hâtez-vous, hardi marin!
Le roi commande, et son étoile
Nous guide au rivage africain!

SCÈNE II.

Les Mêmes, un Soldat, s'approchant de dom
Antonio, à qui il présente un placet.

DOM ANTONIO.
Encore ce soldat, qui me poursuit sans cesse!
(Au soldat.)
D'un placet importun!... Tes titres?...
LE SOLDAT.
Ma détresse!
DOM ANTONIO.
Eh! que veux-tu?
LE SOLDAT.
Parler au roi!
DOM ANTONIO.
Crois-tu donc, jusqu'à toi, que sa grandeur s'a-
JUAN DE SYLVA. [baisse?
Arrière, misérable!
DOM ANTONIO, avec impatience.
Oui! va-t-en!

SCÈNE III.

Les Mêmes, DOM SÉBASTIEN, descendant
les marches du palais.

SÉBASTIEN.
Eh! pourquoi
Empêcher mes soldats d'arriver jusqu'à moi?
(Au soldat et lui faisant signe d'avancer.)
Qui donc es-tu?
LE SOLDAT.
AIR.

Soldat, j'ai cherché la victoire,
Et matelot, des bords lointains.
Poète, j'ai rêvé la gloire...
Et n'ai trouvé que des dédains!
Au loin, sur des mers inconnues,
J'ai suivi Vasco de Gama!
Et des merveilles que j'ai vues,
Ma verve ardente s'enflamma!
Ô Lusiade!... enfant de ma lyre chérie!
Toi qui dois illustrer ta... ingrate patrie,

Pour toi j'ai combattu l'Océan courroucé!
Oui, nageant d'une main, je criais aux orages :
Perdez-moi!... mais portez mes vers jusqu'aux ri-
[vages...
Pour la première fois, les dieux m'ont exaucé!
Poète, j'ai rêvé la gloire,
Et n'ai trouvé que le malheur!
Qu'auprès du fils de la victoire,
Aujourd'hui, je trouve l'honneur!
SÉBASTIEN, au soldat.
Ton nom?
LE SOLDAT.
Le Camoens!
SÉBASTIEN, se découvrant avec respect.
Poète,
Je te salue!
(A dom Antonio et à Juan qui haussent les épaules
avec mépris.)
Oui, dans ses yeux
Du génie incompris j'ai vu briller les feux!
Du pays dédaigneux, dont l'oubli le rejette,
(Tendant la main au Camoens.)
Son nom sera l'orgueil! Je suis ton protecteur;
Réponds-moi? Que veux-tu?
CAMOENS.
L'honneur
De te suivre, ô mon roi, sur la rive du Maure
Pour partager et chanter tes exploits.
SÉBASTIEN.
Sois donc prêt à partir!
CAMOENS.
Une faveur encore!
LE ROI.
Et laquelle?
CAMOENS, lui montrant le fond du théâtre.
Regarde!
LE ROI.
Ah! qu'est-ce que je vois?
(On aperçoit un noir cortège qui traverse le théâtre
avec une bannière : c'est celle de l'inquisition. —
Des familiers du Saint-Office conduisent une jeune
fille, couverte du san-benito, vêtement des condam-
nés.)

SCÈNE IV.

Les Mêmes, ZAYDA et les Familiers de
l'Inquisition.

CHŒUR et MARCHE.

Céleste justice,
Tu veux son supplice,
Et le Saint-Office
Punit les pervers.
Sauvons ces infâmes!
Qu'ici-bas les flammes
Préservent leurs âmes
Du feu des enfers.

ACTE I, SCÈNE IV.

LE ROI.
Où la conduisez-vous ?

JUAM DE SYLVA.
　　　　　　Au bûcher !

LE ROI.
　　　　　　　Quelle est-elle ?

JUAM DE SYLVA.
Zayda l'Africaine, hérétique, infidèle !
Aux rives de Tunis prise par nos vaisseaux,
Elle avait, abjurant des dieux trompeurs et faux,
Reçu l'eau du baptême...

ZAYDA.
　　　　　Oui, tremblante de crainte,
J'avais de Mahomet renié la foi sainte !

JUAM DE SYLVA, au roi.
Vous l'entendez !

ZAYDA.
　　　　Et dans mon repentir,
D'un odieux couvent, hier, je voulais fuir...

LE ROI.
Et pourquoi ?

ZAYDA.
　　　　Pour revoir l'Afrique, ma patrie,
Et mon vieux père, hélas ! qui me pleure et m'at-
　　　AU ROI, vivement.　　　　[tend !
Ah ! tu ne mourras pas !

JUAM DE SYLVA, s'avançant.
　　　　　　　Notre roi tout-puissant
Ne saurait au bûcher arracher cette impie,
Ni du saint tribunal annuler les arrêts !

LE ROI.
Mais je puis commuer sa peine !... et pour jamais,
Et sous peine de mort, j'exile l'étrangère.

JUAM DE SYLVA.
En quels lieux ?

LE ROI.
　　　　En Afrique, et près de son vieux père !
(Zayda pousse un cri et tombe aux genoux de dom
　　　Sébastien.)

CAMOENS.
Vive le roi !

JUAM DE SYLVA ET LES INQUISITEURS.
　　　Ah ! l'impie,
　　　Il nous défie,
　　　Il outrage la foi !

ZAYDA, aux pieds du roi.

AIR.
　　　O toi qui me pardonne,
　　　O le meilleur des rois !
　　　Pour jamais je te donne
　　　Les jours que je te dois !
　　Que les dieux protègent ta vie,
　　De gloire et d'honneurs sois comblé !
　　Et du beau ciel de la patrie
　　Ah ! ne sois jamais exilé !...

ENSEMBLE.

JUAM ET LES INQUISITEURS.
　　　Notre sainte colère
　　　N'épargne pas les rois,
　　　Malheur au téméraire
　　　Qui méconnaît nos lois !

ZAYDA.
　　　O mon Dieu ! sur la terre,
　　　Mon appui tutélaire,
　　　O le meilleur des rois !
　　　A toi qui me pardonne,
　　　Je consacre et je donne
　　　Les jours que je te dois !

LE ROI.
　　　O charmante étrangère,
　　　Doux attraits, douce voix !
　　　Le cœur le plus sévère
　　　Reconnaîtrait tes lois !

(A la fin de cet air, accompagné par les chœurs, on
entend au dehors un appel de trompettes qui commence le
final.)

LE ROI.
　　Entendez-vous la trompette
　　Que l'écho des mers répète ?
　　Pour nous la palme s'apprête,
　　Marchons, nobles Portugais !
　　Conquérans du Nouveau-Monde,
　　La victoire nous seconde !
　　Des flots que Dieu nous réponde...
　　Je vous réponds du succès !
(Au Camoens.)
　　Toi, dis-nous le chant du départ,
　　Et s'il est vrai que le poète
　　Soit inspiré du ciel, dis-nous, divin prophète,
　　Quel sort attend notre étendard ?

CAMOENS, avec enthousiasme.
　　Oui, le ciel m'enflamme et m'inspire !
　　Voyez-vous l'horizon serein ?...
　　Voyez-vous le royal navire
　　Aborder le sol africain ?...
　　Le vent du désert nous apporte
　　Le cri du guerrier frémissant !...
　　Combien sont-ils ?... que nous importe ?
　　En avant, chrétiens, en avant !

CHŒUR DE SOLDATS, s'animant.
　　En avant, soldats de la foi,
　　En avant ! Gloire à notre roi !

CAMOENS.
　　Quelle masse épaisse, innombrable,
　　Se renouvelle sous nos coups ?
　　Comme des tourbillons de sable,
　　Ils s'étendent autour de nous.
(En ce moment, le théâtre s'obscurcit, la mer devient
agitée, et l'on entend au loin gronder le tonnerre.)

Sous nos pas a frémi la terre,
Sur nos fronts mugit le tonnerre.
(Avec égarement.)
Soldats! défendez votre roi,
Soldats! sauvez notre bannière...
Je la vois encor... je la vois...
Mais sanglante et dans la poussière...
(Avec le chœur.)
En avant... en avant, et mourons pour le roi!...

LE ROI, s'élançant au milieu d'eux.

Que dites-vous, amis?

CAMOENS, revenant à lui.

Oui... oui... pardonnez-moi!
Les éclats de la foudre et ces épais nuages
N'apportaient à mes sens que de sombres présages!
(En ce moment les nuages se dissipent, la mer redevient calme et le soleil brille.)
Mais le soleil revient!... Soleil, qui des héros
Doit aux champs africains éclairer la vaillance,
Que devant tes rayons s'inclinent nos drapeaux!
(Tous les drapeaux s'inclinent.)

LE ROI.

Seigneur! bénissez-les.

JUAM DE SYLVA, étendant les mains.

Oui, que la Providence
Daigne exaucer nos vœux!...

(A part.)

Et monarque et soldats,
Des sables africains vous ne sortirez pas!...

ENSEMBLE.

JUAM, ANTONIO et LES INQUISITEURS.

Anathème à l'hérésie!
Anathème sur l'impie
Qui nous brave et nous défie,
Et méconnaît nos décrets.
Que sur son front le ciel gronde,
Que sous lui s'entr'ouvre l'onde,
Que l'enfer seul lui réponde,
Et l'engloutisse à jamais...

LE ROI, CAMOENS et LES SOLDATS.

Entendez-vous la trompette
Que l'écho des mers répète?
Pour nous la palme s'apprête.
Partons, nobles Portugais!

Conquérans du Nouveau-Monde,
La victoire nous seconde,
Des flots que Dieu nous réponde,
Je vous réponds du succès!

ZAYDA.

De la fureur de l'impie
Il a préservé ma vie;
Mahomet, je t'en supplie,
Récompense ses bienfaits!
O puissant maître du monde,
Qu'à mes vœux ton sort réponde,
Que la justice confonde
Les méchans et leurs projets!

ZAYDA, à genoux.

O Mahomet! sauve sa vie!

LE PEUPLE.

Dieu des chrétiens! sauve le roi!

LE ROI.

Adieu! Lisbonne!...

CAMOENS.

Adieu, patrie!

LE ROI.

Nous reviendrons digne de toi!

ENSEMBLE.

ZAYDA.

De la fureur de l'impie
Il a préservé ma vie, etc.

JUAM et LES INQUISITEURS.

Anathème à l'hérésie!
Anathème sur l'impie! etc.

LE ROI, CAMOENS, et LES SOLDATS.

Entendez-vous la trompette
Que l'écho des mers répète? etc.

LE PEUPLE.

Pour la gloire et la patrie
Quand il expose sa vie, etc.

(Dom Antonio et Juam laissent éclater la joie que leur cause le départ de Sébastien. — Le peuple entoure le roi de ses transports. — Zayda lui baise la main. — Le roi, Camoens et ses officiers montent sur le vaisseau amiral, et l'on aperçoit en pleine mer, à l'horizon, toute la flotte portugaise à la voile.)

FIN DU PREMIER ACTE.

ACTE DEUXIÈME.

La scène se passe en Afrique. Le théâtre représente l'habitation de Ben-Selim, dans les environs de Fez.

SCÈNE I.

ZAYDA, entourée de ses compagnes.

CHŒUR DES JEUNES FILLES.

Les délices de nos campagnes,
La rose des déserts,
La plus belle de nos compagnes,
Gémissait dans les fers !
Le ciel a de nos voix plaintives
Entendu les soupirs !
Elle revient !... et sur nos rives
Reviennent les plaisirs.

(Zayda fait signe qu'elle désire rester seule. Les jeunes filles s'éloignent.)

SCÈNE II.

ZAYDA, seule.

AIR.

Depuis que sa main protectrice
A défendu mes tristes jours,
Pour mon malheur, pour mon supplice,
Je l'entends, je le vois toujours !
Hélas ! le doux ciel de mes pères
N'a pu consoler mon ennui ;
Mon âme, aux rives étrangères
Est demeurée auprès de lui !

SCÈNE III.

ZAYDA, BEN-SELIM.

BEN-SELIM, s'approchant de sa fille.

Pourquoi le front toujours voilé par un nuage
Du brave Abayaldos repousses-tu l'amour ?
(Zayda fait signe qu'elle ne peut le lui dire.)
Ma fille, accueille au moins l'hommage
De l'amitié qui vient célébrer ton retour.

(On danse. Divertissement composé de plusieurs pas de caractère. A la fin du divertissement, on entend un bruit de trompettes. Paraît Abayaldos armé en guerre et à la tête de sa tribu.)

SCÈNE IV.

LES MÊMES, ABAYALDOS et les ARABES sous ses ordres.

ABAYALDOS.

Eh quoi ! des danses et des fêtes !...
Des cris joyeux frappent les airs !
Lorsque la foudre est sur vos têtes
Et lorsque l'infidèle envahit nos déserts ?

TOUS, poussant un cri.

Les chrétiens !

ABAYALDOS

AIR.

Levez-vous ! Que le glaive
Étincelle en vos mains !
A vos jeux faites trêve !
Aux armes ! Africains !
Oui, saisissez le glaive,
Aux armes !... Africains !

Sébastien, ce prince infidèle,
Est venu pour nous asservir !
Il nous défie et nous appelle
Aux plaines d'Alcazar-Kébir !

Levez-vous ! Que le glaive
Étincelle en vos mains !
Plus de paix, plus de trêve !
Aux armes ! Africains !

(S'adressant à Zayda.)

La guerre sainte est déclarée
Et nous courons au champ d'honneur !
Ta foi, si long-temps espérée,
Doit être le prix du vainqueur !

(Zayda lui fait signe qu'elle ne veut rien promettre. Abayaldos la regarde quelques instans avec jalousie et colère, puis se retournant vers ses compagnons.)

Levez-vous ! Que le glaive
Étincelle en vos mains !
Plus de paix ! plus de trêve !
Aux armes ! Africains !

CHŒUR DES FEMMES A GENOUX.

O Dieu ! qui tiens le glaive
Et la mort dans tes mains,
Vers toi ma voix s'élève,
Protége leurs destins !

CHOEUR DES HOMMES.

Levons-nous ! Que le glaive
Étincelle en nos mains !
Plus de paix ! plus de trêve !
Aux armes ! Africains !

ZAYDA.

Dieu ! détourne le glaive
Qui brille dans leurs mains !

(Ils sortent tous en désordre. On entend pendant quelques instans encore le bruit de la musique guerrière et des cris tumultueux qui s'éloignent. Le théâtre change.)

SCÈNE V.

(La plaine d'Alcazar-Kébir après la bataille. — A gauche, un rocher. — Au fond, on voit étendus sur le sable les corps des chrétiens et des musulmans, des armes, des débris, etc.)

DOM SÉBASTIEN, entouré de quelques OFFICIERS PORTUGAIS, blessés comme lui. Épuisé par la perte de son sang, il est soutenu par DOM HENRIQUE et tient encore à la main une poignée de sabre brisé.

DOM SÉBASTIEN.

Une épée, une épée !...

DOM HENRIQUE.

Hélas ! tout est perdu !

DOM SÉBASTIEN, avec égarement.

Sauvons le Camoëns, sur le sable étendu.

DOM HENRIQUE.

Ne songez qu'à vous, sire !

(Aux autres seigneurs portugais.)

À leur rage inhumaine
Dérobez notre roi que je soutiens à peine !

DOM SÉBASTIEN, tombant presque évanoui au pied du rocher.

Ah ! laissez-moi... Fuyez !

DOM HENRIQUE, entendant les Arabes qui s'avancent.

Ils viennent ! les voici !

(Faisant signe aux officiers de déposer le roi au pied du rocher.)

Là !...près de cette roche !...Et nous, mourons ici !

SCÈNE VI.

LES MÊMES, ABAYALDOS et les ARABES.

ENSEMBLE.

CHOEUR DES ARABES.

Victoire ! victoire ! victoire !
Allah du haut du ciel

A proclamé la gloire
Des enfans d'Ismaël !
Ni pitié, ni clémence !...
Que le fer menaçant
Serve notre vengeance,
Et s'abreuve de sang !

CHOEUR DES PORTUGAIS.

Trahis par la victoire,
Dans notre sort cruel,
Il nous reste la gloire
De mourir pour le ciel !
Oui, contre leur vengeance,
Soutiens-nous, Dieu puissant !
Céleste récompense
Près de toi nous attend !

ABAYALDOS.

Des ennemis vaincus les corps jonchent la plaine
Le roi, qui sous nos coups sanglant était tombé
Au destin qui l'attend s'est ici dérobé !
Sébastien est à nous, c'est Dieu qui nous l'amène

CHOEUR DES ARABES.

Au nom d'Abayaldos, défenseur de la foi,
Que des derniers chrétiens disparaisse la trace ?
Frappons-les !

SÉBASTIEN, se soulevant.

Moi, d'abord !

ABAYALDOS, aux Portugais.

Oui, pour vous point de grâce
Si vous ne me nommez à l'instant votre roi.
Parlez ? Lequel de vous est Sébastien ?

(Sébastien fait un mouvement.)

DOM HENRIQUE le prévient et dit à voix haute :

C'est moi

(A voix basse et serrant la main de Sébastien, qui veut parler.)

Vivez pour eux !... Je meurs !

(Il tombe à terre et rend le dernier soupir.)

ABAYALDOS, debout et le contemplant.

Gisant dans la poussière,
Le voilà donc ce roi !... ce héros téméraire,
Qui rêvait en Afrique un empire nouveau !
Il n'y sera venu conquérir qu'un tombeau !
Même après son trépas, esclave en cette terre,
Sa cendre, parmi nous, restera prisonnière !

(Aux seigneurs portugais.)

Vous, pourtant, j'y consens, jusqu'au dernier jour
Accompagnez le prince, objet de votre amour !...

(On emporte le corps de dom Henrique, et sur un geste d'Abayaldos les seigneurs portugais le suivent.)

CHOEUR D'ARABES.

Victoire ! victoire ! victoire ! etc.

(Ils sortent tous.)

SCÈNE VII.

DOM SÉBASTIEN, évanoui au pied du rocher, **ZAYDA**.

ZAYDA entre mystérieusement, elle examine avec effroi plusieurs cadavres de soldats et d'officiers portugais qui gisent au fond du théâtre.

ZAYDA.
Il est tombé !... Parmi ces cadavres sanglants,
D'interroger la mort... oui... j'aurai le courage...
(S'avançant vers le rocher.)
De le sauver blessé... captif, il n'est plus temps,
A ses restes du moins j'épargnerai l'outrage !...
Vers lui, Dieu de bonté, guide mes pas tremblants !
(Elle s'assoit un instant sur le rocher.)

DOM SÉBASTIEN, toujours sans connaissance.
Henrique !... Camoens !... Vaincu !

ZAYDA.
Grand Dieu !... qu'ai-je entendu ?
(Le reconnaissant.)
C'est lui !...
(Zayda fait respirer au roi des sels qui le raniment.)

DUO.

ZAYDA, déchirant son voile pour panser ses blessures.
Mon Dieu !... sa misère est si grande
Qu'elle doit m'absoudre à tes yeux !...
Et ta loi même nous commande
De secourir les malheureux !

SÉBASTIEN, qui peu à peu est revenu à lui.
La lumière m'était ravie !...
La mort allait fermer mes yeux...
Qui donc me rappelle à la vie,
Et me rend la clarté des cieux ?...

ZAYDA, rappelant le motif de son air du premier acte.
Quand le sort t'abandonne,
O le meilleur des rois !...
Pour jamais je te donne
Les jours que je te dois !

SÉBASTIEN, se levant et la regardant.
Lorsque tout m'abandonne...
C'est toi... je te revois !...
L'espoir pour moi rayonne
Aux accents de sa voix !

SÉBASTIEN, la repoussant doucement de la main.
Vouloir sauver mes jours, c'est exposer les tiens,
Va, laisse-moi périr !

ZAYDA, avec énergie.
Par le Dieu des chrétiens !
Vous vivrez, sire ! ou nous mourrons ensemble !

SÉBASTIEN, étonné.
Qu'entends-je ?

ZAYDA, de même.
Roi puissant, je ne l'aurais rien dit !

Mais malheureux, mais errant et proscrit...
Tu sauras tout !... Je t'aime ! et pour toi seul je
[tremble !

SÉBASTIEN.
Je n'ai que mon malheur désormais à t'offrir !

ZAYDA.
Qu'importe ?... si pour toi je puis encor mourir !
Si ton sort est le mien !...

SÉBASTIEN.
Oui, Dieu, qui nous rassemble,
Ne voudra plus nous désunir !

ZAYDA.
Courage !... ô mon roi ! courage !
L'amour inspire ma voix !
Le soleil brille après l'orage,
Et Dieu veille sur les rois !

SÉBASTIEN.
Oui ! courage ! courage !
Le mien renaît à sa voix ;
Le soleil brille après l'orage,
Et Dieu veille sur les rois !

ZAYDA.
Le ciel doit mettre un terme à vos misères ;
Bientôt pour vous les beaux jours renaîtront !
Vous reverrez le palais de vos pères,
Et la couronne ornera votre front !

SÉBASTIEN.
Ange du ciel !... mon ange tutélaire,
Par toi bientôt mes beaux jours reviendront ;
Oui, oui, je veux voir à tes pieds la terre,
Et la couronne éclater sur ton front !

ENSEMBLE.

ZAYDA.
Courage ! ô mon roi ! courage !
L'amour inspire ma voix !
Le soleil brille après l'orage,
Et Dieu veille sur les rois !

SÉBASTIEN.
Oui ! courage !... courage !
Le mien renaît à sa voix ;
Le soleil brille après l'orage,
Et Dieu veille sur les rois !
(On entend au dehors un grand tumulte.)

SCÈNE VIII.

LES MÊMES, CHŒUR D'ARABES, la lance à la main, et apercevant Sébastien.

CHŒUR.

Du sang ! du sang !... c'est l'ordre du prophète !
Frappons ! frappons ! pour obéir au ciel.
Allah ! Allah nous demande sa tête !
Du sang ! du sang !... aux enfants d'Ismael !

ZAYDA, s'élançant au devant d'Abayaldos et de Ben-
Selim, qui viennent d'entrer, et leur montrant Sébastien.

Non! vous épargnerez celui que je protège!
Si vous m'aimez, sauvez un malheureux!...
(A Abayaldos, avec force et fierté.)
  Je le demande!... je le veux!

ABAYALDOS.

Et pourquoi vous obéirais-je,
A vous, qui repoussez et ma main et mes vœux?

CHŒUR, entourant Sébastien.

Du sang! du sang!... c'est la loi du prophète!
Frappons! frappons! pour obéir au ciel.
Allah! Allah nous demande sa tête.
Du sang! du sang!... aux enfans d'Ismaël!
(Ils ont entouré Sébastien; le fer est levé sur sa tête;
on va le frapper. Zayda pousse un cri, s'élance de-
vant lui, et lui fait un rempart de son corps.)

ZAYDA, tremblante d'effroi, et s'adressant à
Abayaldos.

Eh bien donc!... ordonnez qu'on épargne sa vie!...
Qu'il puisse encor revoir le ciel de sa patrie!...
(Montrant son père et elle.)
A nos soins confié, qu'il soit libre par vous,
Et, je le jure ici, vous serez mon époux!

ABAYALDOS, étonné.

Quel intérêt si grand?...

ZAYDA.

    Sur la rive lointaine,
Je mourais... un chrétien osa briser ma chaîne.
Libre, j'ai fait serment de sauver un chrétien!...
Ce vœu, vous m'aiderez à l'accomplir!...

ABAYALDOS, au roi.

      Eh bien!
Sois libre!... va bénir, au sein de ta patrie,

Le nom sacré de celle à qui tu dois la vie!
ZAYDA, à voix basse, au roi, qui fait le geste de refuser.
Sire, pour vous sauver j'avais promis mes jours;
Je donne plus encore, et, si je vous suis chère,
Partez, sire, partez!... Sur la rive étrangère,
Mon cœur est avec vous et vous suivra toujours!

ABAYALDOS ET LE CHŒUR DES ARABES, à dom
Sébastien.

Partez! partez!... c'est l'ordre du prophète!
(Aux esclaves et aux femmes, qui s'avancent avec des
guirlandes et des corbeilles de fleurs.)
Marchons!... marchons! des combats à l'autel!
De notre chef que le bonheur s'apprête.
Amour et gloire aux enfans d'Ismaël!

ZAYDA.

Pour le sauver, quand mon malheur s'apprête,
Sur lui, mon Dieu, veillez du haut du ciel!
(Abayaldos a pris la main de Zayda, qui, pâle et tremblante, le suit en se soutenant à peine. — Le cortège
s'éloigne avec eux.)

SÉBASTIEN, seul, sur le banc où il est tombé anéanti,
regardant autour de lui.

CAVATINE.

Seul sur la terre,
Dans ma misère,
Je n'ai plus rien!
Amour céleste,
Qui seul me reste,
Est mon soutien!
Oui, lui seul ranime mon âme;
Dans le destin qui m'accable et m'abat,
Il ne me reste rien que l'amour d'une femme,
(Avec énergie.)
Et le cœur d'un soldat!
(Faible et chancelant encore, il s'éloigne. — La toile
tombe.)

ACTE TROISIÈME.

Le palais du roi à Lisbonne. Sur les premiers plans la salle du trône. Au fond, une galerie extérieure donnant
sur des jardins.

SCÈNE I.

DOM ANTONIO, couvert de son manteau royal, la
couronne en tête et appuyé sur sa main de justice, est debout sur une riche estrade, élevée de
plusieurs degrés, et reçoit le serment de tous les
GRANDS DU ROYAUME. — A droite et à gauche,
des DAMES DE LA COUR en brillans costumes. —
Au fond, des HUISSIERS, des PAGES, et dans la
galerie extérieure, des flots de PEUPLE, que des
GARDES empêchent d'entrer.

DOM JUAM DE SYLVA, s'adressant à dom Antonio.

RÉCITATIF.

Pour éteindre une guerre aux deux pays cruelle,
L'illustre Abayaldos, de Sébastien vainqueur,

Envoyé par son roi, vient en ambassadeur
Proposer un traité d'alliance éternelle!
(Sur une marche brillante, paraissent Abayaldos et
toute la suite de l'ambassade. — Des esclaves portent
des présens qu'ils déposent au pied du trône. — A
côté d'Abayaldos, des seigneurs arabes, des guer-
riers musulmans, des esclaves et quelques femmes
voilées. — Abayaldos s'avance vers dom Antonio et
lui remet ses lettres de créance.

ABAYALDOS.

Nous apportons ces présens et nos vœux
Au nouveau roi de la Lusitanie;
Puissent, par lui, briller sur sa patrie
Un ciel plus pur et des jours plus heureux!

ACTE III, SCÈNE II.

DOM ANTONIO.
Puissions-nous du passé faire oublier les fautes !
Vous, cependant, soyez mes amis et mes hôtes !
Et jusqu'au jour heureux qui nous promet la paix,
Daignez pour votre asile accepter mon palais !
(Abayaldos s'incline en signe d'acceptation. — Dom
Antonio descend de son trône et s'éloigne avec dom
Juam et les seigneurs qui l'entourent.)

SCÈNE II.

(Toute la cour s'est retirée. — Abayaldos, resté avec
quelques esclaves, leur fait signe de s'éloigner et
retient par la main une femme qui allait les suivre.)

ABAYALDOS, ZAYDA.

ABAYALDOS, regardant autour de lui.
Nous sommes seuls !

ZAYDA, levant son voile.
Hélas ! sur la terre africaine,
Seigneur, que ne me laissiez-vous ?
Pourquoi sur cette rive étrangère et lointaine
M'avoir forcée à suivre mon époux ?

ABAYALDOS, avec une fureur concentrée.

DUO.

C'est qu'en tous lieux, comme une esclave,
Nuit et jour tu suivras mes pas !
Ce cœur perfide qui me brave,
Ainsi ne me trahira pas !

ZAYDA.
D'où viennent ces transports et cette frénésie !...
Quand je vous ai donné ma main, mon cœur, ma [vie?...

ABAYALDOS.
Oui, j'ai reçu la main, oui j'ai reçu ta foi !
Mais ton cœur, Zayda, ne fut jamais à moi !

ENSEMBLE.

En tous lieux et comme une esclave,
Nuit et jour tu suivras mes pas !
Ce cœur perfide qui me brave,
Ainsi ne me trahira pas !

ZAYDA.
Frappez donc, la mort que je brave,
Moins que vous est cruelle, hélas !
Prenez pitié de votre esclave,
Qui vous demande le trépas !

ABAYALDOS.
Les larmes qu'en secret sans cesse tu répands...

ZAYDA.
Attestent la douleur ! s on le crime...

ABAYALDOS.
Tu mens !
Une nuit, Zayda, près de toi qui m'es chère,
Pensif, je veillais !... Toi, dans un rêve adultère,
Tu murmurais un nom... qui n'était pas le mien !

DOM SÉBASTIEN.

ZAYDA.
Moi ! grand Dieu !

ABAYALDOS.
Ce chrétien !... C'en est un...
(Avec rage.)
Ce chrétien,
Je l'atteindrai !... fût-ce au bout de la terre !

ZAYDA, vivement.
Et s'il n'est plus ?

ABAYALDOS.
Mon amour offensé,
Même après le trépas, est jaloux du passé !
Mais non... non !...

ENSEMBLE.

ABAYALDOS.
En vain pour le soustraire
A ma juste colère,
Ton cœur perfide espère
Me tromper, me fléchir...
Oui... je veux, par vengeance,
Croire à son existence...
Rien qu'à cette espérance
Mon cœur bat de plaisir.

ZAYDA, à part.
Dieu seul en qui j'espère,
Dieu si long-temps sévère,
Par mes pleurs, ma prière,
Laissez-vous attendrir !
Et si c'est une offense
D'avoir, dans ma souffrance,
Gardé sa souvenance...
C'est moi qu'il faut punir !
(Haut, élevant la main vers le ciel.)
Ah ! croyez-en du moins à ce serment suprême...

ABAYALDOS.
Non ! vos sermens ne sauraient m'attendrir,
Je n'ai plus confiance à présent qu'en moi-même !
A ces yeux, pour tout voir...
(Montrant son poignard.)
A ce fer... pour punir !

ENSEMBLE.

ABAYALDOS.
Ne crois pas le soustraire,
A ma juste colère ;
En vain ton cœur espère,
Me vaincre ou me fléchir !
Je veux, dans ma vengeance,
Croire à son existence...
Et ma seule espérance,
Sera de le punir !

ZAYDA, à part.
Dieu seul en qui j'espère,
Dieu ! si long-temps sévère,
Par mes pleurs, ma prière,
Laissez-vous attendrir !

Et si c'est une offense
D'avoir, dans ma souffrance,
Gardé sa souvenance...
C'est moi qu'il faut punir !

(Des seigneurs du palais entrent et montent à Abayaldos des appartements à droite, qui sont les siens. —
Il y entre avec Zayda.)

SCÈNE III.

(Le théâtre change et représente la principale place de
Lisbonne, en 1577. A gauche, la façade de la cathédrale. Au fond et à droite, plusieurs rues qui
aboutissent à la place. Il fait nuit. Un soldat blessé
et marchant avec peine sort d'une des rues à droite,
et s'avance lentement sur la place publique dont il
regarde en silence les principaux édifices.)

CAMOËNS, seul.

ROMANCE.

PREMIER COUPLET.

O ma patrie !
Un de tes fils, pauvre, et sanglant,
Touche enfin la rive chérie !...
Et tous les malheurs de ma vie,
Je les oublie en te voyant,
O ma patrie !...

DEUXIÈME COUPLET.

De ma patrie
L'aspect touchant et solennel
Ranime mon âme affaiblie ;
Et si je dois perdre la vie,
Je mourrai du moins sous le ciel
De ma patrie !...

SCÈNE IV.

CAMOËNS, une ronde de SOLDATS traversant la
rue.

SOLDATS.
Qui vive !...
CAMOËNS, avec joie.
Un exilé qui revoit sa patrie !
Un soldat qui revient d'Afrique...
UN DES SOLDATS, à demi voix.
Sur ta vie,
Tais-toi, mon camarade, et disparais soudain ?
Notre nouveau monarque a peu de sympathie
Pour tout ce qui revient du rivage africain !

SCÈNE V.

CAMOËNS, seul.

O noble Sébastien ! généreuse victime
Après toi, pensais-tu que ton vil successeur
De notre sang versé nous ferait même un crime ?
(Regardant autour de lui.)
Rien !... et blessé !... que faire ?
(Après un instant de silence et avec désespoir.)
O honte !... ô déshonneur !
Il faut donc que ce bras, qui sut porter le glaive,
Vers la richesse altière en suppliant se lève !...
Camoëns mendiant !... Allons...
(Portant la main sur sa poitrine.)
Tais-toi mon cœur !
(Regardant au ciel.)
Et vous, nuit, de mon front dérobez la rougeur !

SCÈNE VI.

(En ce moment, paraît un homme enveloppé d'un
manteau, il s'avance vers la place. — Camoëns l'a-
perçoit malgré l'obscurité, s'approche de lui, défait
son casque et le lui présente.)

DUO.

CAMOËNS, tendant son casque.
C'est un soldat qui revient de la guerre ;
La main qu'il tend fut blessée au combat !
Il vous demande, ainsi que Bélisaire !...
Riche, donnez l'obole au vieux soldat ?
DOM SÉBASTIEN.
Ainsi que toi, je reviens de la guerre,
Ainsi que toi, blessé dans le combat,
J'ai rapporté la gloire et la misère,
Le seul partage, hélas ! du vieux soldat !

ENSEMBLE.

Oui, comme toi, frère, je suis soldat !
CAMOËNS, lui prenant la main.
Ta main ! ta main dans celle du soldat !
(Tous les deux se pressent la main et s'asseyent sur
le banc de pierre à droite.)
CAMOËNS, interrogeant avec intérêt.
Tu fus blessé ?...
DOM SÉBASTIEN.
Dans les champs d'Alcazar !
CAMOËNS, de même.
Tu combattais ?...
DOM SÉBASTIEN.
Près de notre étendard !
CAMOËNS, de même.
Auprès du roi ?...
DOM SÉBASTIEN.
Je ne l'ai point quitté !

ACTE III, SCÈNE VII.

CAMOENS.
Ni moi non plus !...
   (Se levant et s'animant.)
      Debout à son côté,
Frappé !... laissé pour mort !... O fatale défaite !
DOM SÉBASTIEN, s'animant aussi et l'écoutant avec
intérêt.
Qui donc es-tu ?
            CAMOENS.
         Son ami ! son poète,
Qui voudrait vivre encor pour chanter ses exploits
Et les rendre immortels !
      DOM SÉBASTIEN, poussant un cri.
            Camoens !
         CAMOENS, ému.
               Cette voix !...
Non... non... c'est une erreur...
   (Cherchant à le reconnaître dans l'ombre.)
               Du roi que je regrette,
Ce ne sont point les traits...
      DOM SÉBASTIEN.
            Changés par le malheur...
   (Lui ouvrant les bras.)
Mais là, du moins... là, c'est toujours son cœur.

ENSEMBLE.

CAMOENS, se jetant dans ses bras.
O jour de joie ! ô jour d'ivresse !
C'est lui... que sur mon cœur je presse.
Vers toi, mon Dieu ! rappelle-moi !
Je puis mourir ! j'ai vu mon roi !
   (Criant à voix haute.)
      Vive le roi !...
         DOM SÉBASTIEN.
Dernier jour de joie et d'ivresse !
Seul ami que le ciel me laisse !
Je retrouve, moi qui fus roi,
Un cœur qui bat encor pour moi !
   (Lui imposant silence.)
      Tais-toi ! tais-toi !
   (A demi-voix.)
Un oncle ambitieux, avide du pouvoir,
Sur mon trône vacant s'est hâté de s'asseoir.
Il compte sur ma mort et la rendrait réelle
S'il en pouvait douter...
         CAMOENS.
            Mais tous vos courtisans ?...
         DOM SÉBASTIEN.
La fortune me fuit... ils feront tous comme elle !
         CAMOENS.
Dans vos soldats du moins...
         DOM SÉBASTIEN.
               Sont mes seuls partisans !
Par eux d'abord il faut me faire reconnaître.
         CAMOENS.
Ils vous reconnaîtront, croyez-en mes serments.
Je leur crierai : C'est notre maître !
C'est lui ! c'est lui !... mes amis, croyez-moi !

ENSEMBLE.

CAMOENS.
O jour de joie ! ô jour d'ivresse !
Retentissez, chants d'allégresse !
O mon pays ! relève-toi,
Dieu te rend la gloire et ton roi.
      Vive le roi !
O jour de joie ! etc.

DOM SÉBASTIEN.
Dernier jour de joie et d'ivresse !
Seul ami que le ciel me laisse,
Je retrouve, moi qui fus roi,
Un cœur qui bat encor pour moi !
      Tais-toi ! tais-toi !
   Dernier jour, etc.

(On entend dans le lointain les sons d'une musique
funèbre. — Sébastien et Camoens s'arrêtent étonnés.)

CAMOENS.
Quels sont ces sinistres accents ?
         DOM SÉBASTIEN.
Les funèbres honneurs, qu'en son deuil hypocrite,
Le nouveau roi vient rendre au roi dont il hérite.
      CAMOENS, regardant vers la droite.
Oui, dom Antonio, suivi de tous les grands !

―――――――――――――――――――――――

SCÈNE VII.

DOM SÉBASTIEN, CAMOENS, à droite, enve-
loppés de leurs manteaux. — Marche, cortège funèbre aux flambeaux. — Paraissent des compagnies de
soldats et de marins, puis des magistrats, des inquisiteurs, des seigneurs, des dames de la cour. — Le
char, couvert d'insignes royaux, des armes de Portugal et d'ornements funéraires, le cheval de bataille
de dom Sébastien. — Puis paraissent DOM AN-
TONIO et DOM JUAN DE SYLVA, au milieu
de toute la cour, portant des manteaux de deuil. —
Des valets de pied les escortent avec d'innombra-
bles flambeaux. — Le peuple arrive par toutes les
rues qui donnent sur la place et se presse autour du
convoi.

CHŒUR et MARCHE.

Sonnez, clairons funèbres,
Roulez, sombres tambours !
Évoquez des ténèbres
L'ange des derniers jours !
Du Dieu qui tient la foudre,
Qu'il proclame les lois,
Lui qui réduit en poudre
La majesté des rois !
Sonnez, clairons funèbres,
Roulez, sombres tambours !

Évoquez des ténèbres
L'ange des derniers jours !
(Le char s'est arrêté au milieu du théâtre. — Dom Juam
de Sylva, dom Antonio et tous les grands de la
cour sont entrés dans la cathédrale.)

TROIS INQUISITEURS, *se tournant vers le peuple.*
Au nom d'un Dieu vengeur, peuples, écoutez-moi !
(Montrant le catafalque.)
D'un monarque imprudent, déplorons la folie ;
Courbons-nous sous la main du Dieu qui le châtie.

CAMOENS.
Je ne souffrirai pas qu'on outrage mon roi !

AIR :
Venez défendre sa mémoire,
Malheureux dont il fut l'appui ;
Soldats, ses compagnons de gloire,
Venez tous, et pleurez sur lui !
Le sort a trahi sa vaillance ;
Il est tombé, mais en héros.
Du pays pleurons l'espérance,
Pleurons l'honneur de nos drapeaux.

CHOEUR.
Du pays pleurons l'espérance,
Pleurons l'honneur de nos drapeaux !
(Dom Juam, dom Antonio sortent de l'église à gauche,
au moment où Abayaldos, et la suite de l'ambas-
sade entrent par la droite.)

DOM JUAM.
Qui trouble de ce jour la pompe solennelle ?

CAMOENS.
Un soldat, un poète, un Portugais fidèle,
Esclave de sa foi, sans peur et sans espoir,
Qui chante le malheur et non pas le pouvoir !

DOM JUAM.
Parmi nous qui t'amène,
Pour fomenter encor la discorde et la haine ?
(Aux soldats.)
Entraînez-le malgré ses amis imprudens.
(Montrant dom Antonio.)
Allez, le roi l'ordonne !

DOM SÉBASTIEN, *s'avançant.*
Et moi je le défends !

TOUS, *avec étonnement.*
Le roi !

CAMOENS, *avec force.*
Votre vrai roi !

ABAYALDOS, *à part, regardant dom Sébastien.*
Lui !... le roi !... quel mystère ?...
Celui que Zayda ravit à ma colère !...

DOM SÉBASTIEN, *s'avançant au milieu du théâtre.*
Mes amis, mes sujets... c'est moi,
C'est votre roi !   (France.)
Oui, oui malgré ses traits changés par la souf-
C'est votre roi, de qui la Providence,
Après tant de malheurs, a permis le retour !

LE PEUPLE.
Vive le roi, notre orgueil, notre amour !

ABAYALDOS, *s'avançant au milieu du théâtre.*
Et moi, j'ai de mes mains, peuple, je vous le jure,
A votre roi vaincu, donné la sépulture.
Dans les champs d'Alcazar ont fini ses destins.
Et sa cendre repose aux sables africains !
(Les officiers de sa suite étendent la main, et font le
même serment. — Montrant dom Sébastien.)
Mais celui-ci, qui veut passer pour votre maître,
Sauvé par ma pitié, par trahison peut-être,
N'est qu'un fourbe !

DOM JUAM et ANTONIO.
Qui veut en vain vous abuser !

DOM SÉBASTIEN.
D'une indigne imposture avant de m'accuser,
(A l'inquisiteur.)
Regardez-moi, dom Juam !
(A Antonio.)
Regardez-moi bien, sire !

DOM ANTONIO, *aux inquisiteurs.*
A vous de châtier son criminel délire,
Faites votre devoir !

DOM JUAM.
Peuple !... n'en doutez pas !
Ce musulman l'a dit : c'est un infâme, un traître !

CAMOENS.
Ah ! ses soldats du moins sauront le reconnaître !

ABAYALDOS, *à part.*
Et toi qui prétendais l'arracher au trépas !
Zayda, j'épierai tes desseins et tes pas !

CHOEUR DES INQUISITEURS.
Il faut qu'il périsse !
Qu'un juste supplice,
A jamais flétrisse
(Montrant dom Sébastien et ses partisans.)
Le crime et l'erreur !
Et toi, Dieu suprême,
Que sa voix blasphème,
Lance l'anathème
Sur cet imposteur !

CAMOENS, *excitant le peuple.*
Aux armes !... De ses jours c'est à nous de répondre !

DOM SÉBASTIEN.
Point de sang, mes amis ! je saurai les confondre !

DOM JUAM.
Arrêtez, imprudens ! Ce n'est pas en ce lieu
Que peut absoudre ou punir la justice.
L'accusé, désormais, est sous la main de Dieu,
Et nous le réclamons au nom du Saint-Office !

REPRISE DU CHOEUR.
Il faut qu'il périsse !
Qu'un juste supplice,
A jamais flétrisse
Ce vil imposteur ! etc.
(Le convoi se remet en marche. On entraîne dom Sé-
bastien par la droite, et Camoens, épuisé par ses
efforts, tombe sans connaissance dans les bras de
ceux qui le retiennent.)

ACTE QUATRIÈME.

Une salle de l'inquisition à Lisbonne.

SCÈNE I.

LES INQUISITEURS entrent lentement et de différens côtés. — Ils sont tous masqués. — A gauche en forme circulaire, faisant presque face au spectateur, une estrade surmontée d'un dais et élevée de quelques degrés où sont les sièges du tribunal. — Au fond, sur une table, des instruments de torture, des brasiers que l'on allume et près desquels se tiennent debout les TORTIONNAIRES vêtus de rouge et les bras nus. — A droite, des MEMBRES DU SAINT-OFFICE également masqués et assis dans des stalles de chêne. — Debout derrière eux, et tout autour de la salle, des FAMILIERS et des GARDES DU SAINT-OFFICE.

CHOEUR.

O voûtes souterraines!
Sombre séjour des peines,
Cachez le bruit des chaînes,
Et le glaive sanglant!
Que rien ne retentisse
En ce saint édifice,
Que la voix du supplice,
Et le cri du mourant!

DOM JUAN DE SYLVA, *suivi des principaux inquisiteurs.*

Membres du Saint-Office,
Qu'au gré de son caprice,
Notre loi vous choisisse
Pour juges ou bourreaux,
Adorant sa justice
Que chacun obéisse,
Et que nul ne trahisse
Le secret des cachots!

TOUS, *étendant la main.*

Nous le jurons!

CHOEUR.

O voûtes souterraines!
Sombre séjour des peines,
Cachez le bruit des chaînes,
Et le glaive sanglant!
Que rien ne retentisse
En ce saint édifice,
Que la voix du supplice,
Et le cri du mourant!

SCÈNE II.

(En ce moment paraissent plusieurs familiers du Saint-Office, tous vêtus de noir et masqués; l'un d'eux, qui regarde avec étonnement et curiosité autour de lui, remet une bourse pleine d'or à l'un de ses compagnons. — Celui-ci se hâte de la cacher en recommandant à l'inconnu de ne pas le trahir. — L'inconnu se tient debout à gauche au milieu d'un groupe de familiers, pendant que d'autres officiers du Saint-Office amènent par la droite dom Sébastien.)

LES MÊMES, DOM SÉBASTIEN.

DOM JUAN DE SYLVA, *lui adressant la parole.*
Toi qui, par un mensonge impie et téméraire,
Venais semer chez nous la discorde et la guerre,
Quel est ton nom?

SÉBASTIEN, *se couvrant.*
　　　　　　Avant de répondre, dis-moi
Qui t'a permis d'interroger ton roi?
(*Se tournant avec noblesse vers l'assemblée.*)
Je le suis!... je l'atteste! et ne peux reconnaître
A vous, sujets, le droit de juger votre maître!

DOM JUAN DE SYLVA.
Réponds!

SÉBASTIEN.
　　Permis à vous, qui m'osez enchaîner..

DOM JUAN DE SYLVA.
De te condamner...

SÉBASTIEN.
　　　　　Non! mais de m'assassiner...

DOM JUAN.
C'est s'avouer coupable!

SÉBASTIEN, *se levant.*
　　　　　Et ton orgueil m'enseigne,
Qu'en effet je le fus et d'un crime bien grand;
C'est d'avoir, sous mon règne,
Laissé vivre un seul jour ce tribunal de sang!
(*Se rasseyant.*)
Je ne répondrai plus!

DOM JUAN.
　　　　　Le cours de la justice,
Au gré de l'accusé serait-il suspendu?
Un témoin se présente et doit être entendu!
(*Montrant dom Sébastien.*)
Il prétend démasquer la ruse et l'artifice,
Qu'il vienne!

SCÈNE III.

LES MÊMES, ZAYDA.

(A qui dom Juam fait signe de lever son voile.)

DOM SÉBASTIEN.
　　　　　Zayda!... Grands dieux!
TOUS.
　Une femme!...
DOM JUAM, *la regardant.*
Oui, ces traits ont déjà, je crois, frappé mes yeux!
TOUS.
　Une femme en ces lieux!
ZAYDA.
Qu'importe!... si, par cette femme,
La sainte vérité pénètre dans votre âme?
Vous fûtes abusés!... Celui qu'Abayaldos
　A vu tomber sur le sable d'Afrique
　Était le noble dom Henrique,
　Pour son maître mort en héros!
L'INCONNU, *à droite et d'une voix sourde.*
　C'est une imposture!
ZAYDA, *se retournant.*
Quelle voix retentit sous cette voûte obscure?
DOM JUAM, *à Zayda.*
Si tu dis vrai, d'où vient cette terreur?
ZAYDA, *se retournant vers le tribunal.*
Votre roi fut sauvé!... sauvé par une femme
Qui l'aimait!...
DOM SÉBASTIEN, *avec émotion.*
　　　　Noble cœur!
(Voulant l'interrompre.)
Zayda!...
DOM JUAM.
　　Contre nous c'est une indigne trame.
L'INCONNU.
C'est un mensonge!
ZAYDA, *avec chaleur.*
　　Eh bien! j'en jure par mon âme!
Cette étrangère, cette femme!
Qui du trépas a sauvé votre roi,
C'est moi!... je l'atteste! c'est moi.
ENSEMBLE.
TOUS, *se levant.*
　O ciel!
L'INCONNU.
　O fureur!
DOM JUAM.
　　O blasphème!
(Se levant et descendant vers les autres inquisiteurs qui semblent ébranlés.)
Arrêtez!... Des sermens que le ciel a maudits
Par les fils du vrai Dieu ne sauraient être admis!
Oui, reconnaissez-la, seigneurs, c'est elle-même,
Qui reçut dans ces lieux l'eau sainte du baptême!

Oui, ce cœur apostat, qui renia son Dieu,
A renié le nôtre, et condamnée au feu...
ZAYDA.
Le roi me pardonna!
DOM JUAM.
　　　　Notre ancien roi, par grâce,
L'exila de nos murs, sous la peine de mort...
Elle y rentre aujourd'hui; décider de son sort;
Jugez quel châtiment mérite son audace!...
CHŒUR D'INQUISITEURS, *au fond du théâtre.*
Je la condamne au feu
Comme maudite au ciel et maudite sur terre,
Comme impie et relapse!
L'INCONNU, *sur le devant du théâtre se démasquant.*
　　　　Et moi, comme adultère!
ZAYDA et LE CHŒUR.
Grand Dieu!
ABAYALDOS.
　　Par ton esclave instruit de tes projets,
J'ai voulu de ta bouche entendre tes forfaits.
(Il veut la frapper de son poignard, les familiers du Saint-Office le lui arrachent et l'entourent.)

QUATUOR.

ABAYALDOS.
Va parjure! épouse impie,
Toi, l'opprobre de ma vie,
Au supplice, à l'infamie
Je te livre sans regrets!
Qu'ils prononcent la sentence,
Qu'ils punissent mon offense!
Le mépris est ma vengeance;
Sois maudite pour jamais!
Sous le fer musulman, indigne de périr,
Je laisse à ces chrétiens le soin de te punir!
DOM JUAM.
Adultère et sacrilège,
Pour frapper qu'attendez-vous?
Nul ici ne la protège.
Ni son Dieu, ni son époux!
DOM SÉBASTIEN.
Ah! n'immolez que moi! Pitié! pitié pour elle!
ZAYDA.
A Dieu seul j'en appelle,
Que Dieu juge entre nous.
ENSEMBLE.
Va, parjure!... épouse impie! etc.
ZAYDA, *s'élançant au milieu d'eux.*
Eh bien! et devant vous puisqu'un époux lui-même
M'abandonne à la mort et dégage ma foi,
(Montrant le roi.)
Eh bien! oui, je l'aime, je l'aime,
Lui!... le roi Sébastien!...
(Aux inquisiteurs.)
　　　　Car c'est bien votre roi!
Et lorsqu'en face de Dieu même
Je brave ici pour lui la mort et l'anathème,
Parlez... De mensonge et d'erreur
Qui pourrait accuser mon cœur?

ACTE V, SCÈNE II.

ABAYALDOS.
Imposture !... Elle veut donner un diadème
Non pas à Sébastien, mais à celui qu'elle aime !

ENSEMBLE.

CHŒUR.

Que le bûcher s'élève,
Que leur destin s'achève,
Par la flamme et le glaive
Punissons-les tous deux !
Que Dieu dans sa colère
Les réduise en poussière !
Qu'ils soient maudits sur terre
Et maudits dans les cieux !

ZAYDA et DOM SÉBASTIEN.

Par la flamme et le glaive
Que mon destin s'achève !
Vers toi, mon Dieu, j'élève
Et mon cœur et mes vœux !
Pour braver leur colère
En ta bonté j'espère !
La vengeance est sur terre,
La clémence est aux cieux !

DOM SÉBASTIEN.

Et vous ne craignez pas le jour de la vengeance !
Le peuple entier se lève !... Il m'appelle... Écoutez !

DOM JUAM.

Vain espoir ! Les bourreaux châtieront l'insolence
Des chrétiens contre nous... contre Dieu révoltés !

ENSEMBLE.

DOM JUAM, ABAYALDOS et LE CHŒUR.

Que le bûcher s'élève, etc.

ZAYDA et DOM SÉBASTIEN.

Par la flamme ou le glaive, etc.

(On entraîne Zayda et le roi, chacun d'un côté différent.)

ACTE CINQUIÈME.

Une tour attenant aux prisons de l'inquisition. — Porte au fond et à droite. — A gauche, une croisée avec un balcon. — A droite, une table et ce qu'il faut pour écrire.

SCÈNE I.

DOM JUAM DE SYLVA, DOM LUIS, envoyé d'Espagne.

DOM JUAM, assis près de la table à droite.

Ainsi les Espagnols s'avancent ?

DOM LUIS, debout près de lui.

Dès ce soir
Le duc de d'Albe sera sous les murs de Lisbonne.

DOM JUAM.

Et ton maître m'assure en ces lieux le pouvoir ?...

DOM LUIS.

Si vous... vous assurez sur son front la couronne !

DOM JUAM.

Dis à Philippe deux qu'il compte sur ma foi,
Il sera dans ces murs ce soir proclamé roi !

DOM LUIS.

Mais pour régner sans obstacle et sans crime,
Il lui faudrait, aux yeux des Portugais,
L'apparence du moins d'un titre légitime.

DOM JUAM.

Il l'obtiendra. Je réponds du succès !

(Dom Luis sort.)

SCÈNE II.

DOM JUAM, ZAYDA.

(Sur un geste de dom Juam, Zayda est amenée de la porte à droite par des gardes qui se retirent.

DOM JUAM.

Tes jours et ceux de ton complice
Sont en mes mains !

ZAYDA.

Ordonne mon supplice ?

DOM JUAM, froidement.

Et si je consentais à ton pardon ?...

ZAYDA.

De toi,
Je le refuserais !

DOM JUAM, de même.

Si je sauvais la vie
De celui-là que tu nommais le roi ?...

ZAYDA, vivement.

Le sauver !... lui ! Parle ? je t'en supplie.
Que faire ?

DOM JUAM, prenant sur la table et lui remettant un rouleau cacheté.

L'engager à signer cet écrit.

ZAYDA, étonnée.

Cet écrit !...

DOM JUAN.
Qu'il le signe... Et moi-même,
Bravant du nouveau roi l'autorité suprême,
Je sauverai ses jours, sinon...
ZAYDA, l'interrompant.
Donne, il suffit!
DOM JUAN, d'un air menaçant.
A dix heures... ta mort!...
(Dom Juan sort.)

SCÈNE III.

ZAYDA, seule.

Quel espoir vient s'offrir!
Moi, le sauver... le sauver, ou mourir...

AIR.

Mourir pour ce qu'on aime,
Ah! c'est un bien suprême!
Mais sauver ses jours précieux,
C'est le bonheur des dieux!
O moment plein de charmes.
Désormais plus d'alarmes!
Le bonheur fait couler les larmes
Qui tombent de mes yeux!

SCÈNE IV.

ZAYDA, DOM SÉBASTIEN.

ZAYDA.
Le voici!
DOM SÉBASTIEN, courant à elle.
Zayda!

DUO.

Comment dans ma misère
Ai-je pu te revoir?
Quel ange de lumière
Viens me rendre l'espoir?...

ENSEMBLE.

ZAYDA.
Pour finir sa misère,
Je puis enfin le voir, etc.
DOM SÉBASTIEN.
Dans la fureur qui les anime,
Quel bonheur peut nous rassembler?
ZAYDA.
Vos ennemis, devant leur propre crime,
S'arrêtent, sire, et paraissent trembler!
Oui, prêts à briser votre chaîne,
Ils vont tomber aux genoux du proscrit,
Si de votre main souveraine
Vous daignez signer cet écrit.
Lisez!

DOM SÉBASTIEN, qui a brisé le cachet.
Grands dieux! on veut me rendre indigne
De ma race et de sa splendeur,
De ma main l'on veut que je signe
Mon opprobre et mon déshonneur!
ZAYDA.
Qu'entends-je?
DOM SÉBASTIEN.
Zayda, sais-tu ce qu'on ordonne?
(Avec ironie.)
On consent à me délivrer...
ZAYDA.
Eh bien!
DOM SÉBASTIEN.
Pourvu que j'abandonne
Au roi Philippe deux mes droits et ma couronne!
ZAYDA.
Non, non! mieux vaut mourir que se déshonorer!

ENSEMBLE.

DOM SÉBASTIEN.
Son âme noble et fière
A compris ma fureur.
Vainement on espère
Insulter mon malheur!
On pourra par le crime
Me ravir mes sujets,
Écraser la victime,
Mais l'avilir... jamais!
ZAYDA.
Son âme noble et fière
Sait comprendre mon cœur,
Vainement on espère
Insulter au malheur!
On pourra par le crime
Lui ravir ses sujets,
Écraser la victime,
Mais l'avilir... jamais!

(Dix heures sonnent. — On entend à la porte du fond
des voix en dehors.)

Zayda! Zayda! voici la dixième heure!
ZAYDA, poussant un cri.
(Au roi.)
Déjà! Partons... Adieu!
DOM SÉBASTIEN, voulant la suivre.
Ciel!... où vas-tu?
ZAYDA, le repoussant.
Demeure!
DOM SÉBASTIEN.
Où vas-tu? quel bruit sous mes pas!
(Regardant par la porte du fond.)
Que vois-je! les bourreaux!... Quelle horrible lu-
[mière!
Ah! dans leur fureur sanguinaire,
De mon refus, c'est toi qu'ils vont punir!
ZAYDA.
Qu'importe! Il est un Dieu qui doit nous réunir!

ACTE V, SCÈNE V.

DON SÉBASTIEN.
Tu ne sortiras pas!... Il a trouvé, l'infâme!
Le moyen de briser mon âme.
Moi! souscrire à ta mort!
Vain espoir, vain effort,
 Tu dois vivre!
Ou, quel que soit ton sort,
 Je veux le suivre!
 (Il court à la table et veut signer.)

ZAYDA, se jetant au devant de lui.
Eh bien! si mes prières,
Si la voix du devoir,
Si le nom de vos pères,
Sont sur vous sans pouvoir,
Accomplissez ce sacrifice
Et signez ce pacte infamant!
Mais je n'en serai pas complice,
Et dans les flots je m'élance à l'instant!

DON SÉBASTIEN, la retenant.
Zayda!...

ENSEMBLE.
Vain espoir, vain effort, etc.

(A la fin de ce morceau, la portière du fond s'ouvre, et l'on aperçoit les inquisiteurs qui viennent chercher Zayda. Celle-ci s'élance au devant d'eux. Pendant ce temps, le roi, qui est près de la table, signe le papier et le présente aux inquisiteurs. La portière se referme. Zayda, désespérée, veut s'élancer par la fenêtre de la tour. On entend au dehors un air de barcarolle.)

DON SÉBASTIEN retenant Zayda.
Écoutez!

CAMOENS, en dehors.
BARCAROLLE.
PREMIER COUPLET.
Pêcheur de la rive,
 La nuit
 Te sourit;
La brise est captive,
 Tout dort
 Dans le port.
Et pleins d'espérance,
Courbés sur les flots,
Ramez en silence,
Braves matelots!

DON SÉBASTIEN.
C'est Camoens!

CAMOENS, en dehors.
DEUXIÈME COUPLET.
Pêcheur intrépide,
Au pied de ce mur,
La vague est limpide,
Le succès est sûr!
Qu'un chant d'espérance

DON SÉBASTIEN.

Monte à ces créneaux...
Ramez en silence,
Braves matelots!

ZAYDA.
O fidèle sujet!

DON SÉBASTIEN.
Camoens!

SCÈNE V.

LES MÊMES, CAMOENS, paraissant à la fenêtre, à droite.

CAMOENS.
 Du silence!
Les destins sont changés, renais à l'espérance
O mon maître!... A ma voix, tout un peuple in-
 [digné,
Pour délivrer son roi vers ces remparts s'élance!

ZAYDA.
Et ce titre... Il l'abdique... oui, sa main l'a signé...
Pour préserver mes jours!...

CAMOENS, avec indignation.
 Ah! promesse usurpée!...
Qu'arrache la contrainte et que brise l'épée!
 (Au roi.)
De garde à cette tour, un de tes vieux soldats
T'offre, pour te sauver, et son cœur et son bras.

ZAYDA.
Oui, la victoire ou le trépas.

ENSEMBLE, à demi voix.
De la prudence et du mystère,
Du sort nous braverons les coups;
Car Dieu nous aide et nous éclaire,
Et l'amitié veille sur nous!

CAMOENS.
A ce balcon, une échelle attachée...
Et du pied de la tour une barque approche,
Vont nous conduire à l'autre bord,
Auprès de nos amis!... Partons!

ZAYDA, les retenant.
 Non, pas encor!

CAMOENS.
Qu'avez-vous?

ZAYDA, écoutant.
 Du silence... Il me semblait...

CAMOENS.
 Eh bien?

ZAYDA, montrant la porte à gauche.
Que l'on marchait de ce côté.

CAMOENS.
 Non... Rien!

ENSEMBLE.
De la prudence et du mystère,
Du sort nous braverons les coups;
Car Dieu nous guide et nous éclaire,
Et l'amitié veille sur nous!

SCÈNE VI.

(Ils disparaissent par le balcon à droite. — Le théâtre change. — Une vue de Lisbonne; en face du spectateur un large bastion, derrière lequel la mer s'étend à l'immensité. — A droite, une tour élevée; au haut de la tour un balcon auquel est attachée une échelle de cordes. Cette échelle descend depuis le haut de la tour jusqu'à la mer, en longeant le bastion. — A gauche, sur le premier plan, un édifice sur lequel est écrit : Hôpital de la Marine. — A droite l'entrée de la tour. — Il fait nuit, mais la lune éclaire le théâtre.)

ZAYDA et CAMOENS, qui viennent de descendre par l'échelle de cordes, se sont arrêtés sur le bastion et attendent le roi qui descend après eux. — La barque qui doit les recevoir est au pied de la tour, mais on n'en voit que le mât au dessus du bastion.

CAMOENS, au roi qui vient de sauter à côté d'eux.
A moitié du chemin ces remparts sont placés...
Continuons!...
(Zayda met de nouveau le pied sur les échelons, Camoens l'arrête.)
Non pas!...
(Au roi et lui montrant, du haut du bastion, dom Antonio et Abayaldos qui sortent en ce moment par la porte qui est au pied de la tour.)
Je crois qu'on marche, sire.
(Dom Antonio et Abayaldos entrent ensemble sur le théâtre.)

ABAYALDOS, à Antonio avec chaleur.
Oui! pour les délivrer, on s'agite, on conspire!
DOM ANTONIO, froidement.
Le grand inquisiteur vient de nous en instruire!
ABAYALDOS, vivement.
Et Camoens est leur chef!
DOM ANTONIO, de même.
Je le sais!
ABAYALDOS.
Des soldats de la tour se sont laissé séduire.
DOM ANTONIO, de même.
Je le sais!
ABAYALDOS, avec impatience.
Mais tous deux vont fuir?
DOM ANTONIO.
Je le désire!
ABAYALDOS.
Et pourquoi?

DOM ANTONIO, lui faisant lever les yeux vers le bastion.
Regardez!...
(Après avoir écouté un instant, Camoens a fait signe au roi qu'il n'y a pas de danger et qu'ils peuvent continuer leur route, Zayda et le roi se sont remis à descendre.)
ABAYALDOS, les apercevant.
Ce sont eux!...
ANTONIO.
C'est leur mort!
CAMOENS, qui les a regardé descendre quelques échelons, s'apprête à les suivre en disant :
Sauvés!
DOM ANTONIO, à part.
Perdus!
(En ce moment, des soldats paraissent au balcon qui est au haut de la tour; d'un coup de hache ils coupent l'échelle de corde qui se détache emportant dom Sébastien et Zayda, qui roulent dans la mer.
CAMOENS, du haut du bastion, poussant un cri.
O ciel!
(Il s'élance dans la mer au moment où dom Juam Sylva et les inquisiteurs sortent de la porte à gauche et le peuple se précipite sur le théâtre par la droite.)
DOM ANTONIO.
Je suis roi!
DOM JUAN.
Pas encor!
Dom Sébastien, par cet acte suprême,
A l'Espagne, après lui cède son diadème.
DOM ANTONIO, avec rage.
Ah! traître!..
DOM JUAN, voyant un groupe de matelots qui rapportent Camoens mourant.
O ciel! qui vient s'offrir
A nos yeux!
LES MATELOTS.
Camoens, qu'à son heure dernière
(Montrant l'hôpital de la Marine.)
Nous conduisons là, pour mourir!
DOM JUAN.
Du duc d'Albe déjà s'avance la bannière,
Des droits de notre maître il sera le soutien!
Gloire à Philippe deux!
CAMOENS, se soulevant sur son lit de mort.
Gloire à dom Sébastien!
(La flotte de Philippe II et le pavillon espagnol paraissent au loin en mer. — Dom Juan et les inquisiteurs le montrent au peuple. — Dom Antonio consterné baisse la tête. — On emporte Camoens expirant. — La toile tombe.)

FIN DE DOM SÉBASTIEN.

DIVERTISSEMENS.

PREMIER ACTE.

PORTUGAIS NOBLES.

MM. Lenfant, Petit, Isamberg, Renaury, Darcourt, Monnet.

OFFICIERS DU ROI.

MM. Caré, Gourdoux, Fromage, Jossel, Lefèvre, Wels, Lenoir, Fellis.
Un porte-bannière, M. Cornet.
Un inquisiteur, M. Quérian.

SIX MATELOTS.

MM. Wiéthof, Maujin, Albrié, Pinguely, Paufert, Berteaux.

SIX MOUSSES.

MM. Wiéthof 2me, Dieul 1er, Dieul 2me, Minart, Frappart, Bauchet.

DEUXIÈME ACTE.

DOUZE JEUNES FILLES ARABES.

Mlles Wiéthof, Dubignon, Dronet, Saint-Georges, Toussaint, Jossel, Paget, Courtois, Lacoste, Dabas 2me, Franck, Dange.

DAMES ARABES.

Mmes Bouvier, Marquet 2me, Masson, Coison, Robin, Célarius 2me, Gougibus, Leclercq, Bénard, Duménil, Saulnier, Coupotte, Jeandron, Jeannot, Nathan, Devion, Laurent 2me, Dourdon, Potier, Cassan, Toutain, Feugère, Cinchart, Hunter, Marquet 3me, Favre, Maujin, Rousseau.

ARABES.

MM. Gondoin, Maujin, Guiffard, Châtillon, Wels, Dimier, Martin, Gourdoux, Berteaux, Rouyet, Ernest, Peaufert.

PAS DES TROIS ALGÉRIENNES.

Mmes Maria, Sophie Dumilâtre, Fleury.
Une jeune Algérienne, Mlle Adèle Dumilâtre.
Un Algérien, M. Mabille.
Un chef d'esclaves, M. Adice.

QUATRE ESCLAVES PORTUGAISES.

Mmes Caroline, Dimier, Dabas 1re, Robert.

TROISIÈME ACTE.

PAGES DU ROI.

Mmes Maréchalle, Favre, Laurent 2me, Toutain, Devion, Pézée, Rousseau, Voisin, Pêche, Lenoir, Marquet 3me.

ÉTUDIANS.

MM. Rouyet, Duprez, Pinguely, Berteaux, Peaufert, Ernest.

OFFICIERS ARABES.

MM. Châtillon, Gondoin, Martin, Santon.

NÈGRES.

MM. Wiéthof 1er, Albrié, Bauchet, Wiéthof 2me.

QUATRIÈME ACTE.

INQUISITEURS.

MM. Quérian, Cornet.

On trouve à la librairie de C. TRESSE, Palais-Royal :

LA FRANCE DRAMATIQUE AU XIXe SIÈCLE.

CABINET SECRET DU MUSÉE ROYAL DE NAPLES,

[illegible]

LE CHASSEUR AU CHIEN D'ARRÊT,

[illegible]

Troisième édition. — 1 volume in-8°. — Prix 7 fr. 50 c.

[illegible]

LE CHASSEUR AU CHIEN COURANT,

[illegible]

[illegible]

LE CUISINIER ROYAL,

PAR VIART, [illegible]

[illegible]

[illegible]

Contraste insuffisant

NF Z 43-120-14

www.ingramcontent.com/pod-product-compliance
Lightning Source LLC
Chambersburg PA
CBHW061523040426
42450CB00008B/1760